Stefan Donges

Sprüche II Endzeitinfo

Stefan Donges

Sprüche II Endzeitinfo

Wegweiser zum Leben

Fromm Verlag

Imprint

Cover image: www.ingimage.com

Publisher:
Fromm Verlag
is a trademark of
International Book Market Service Ltd., member of OmniScriptum Publishing Group
17 Meldrum Street, Beau Bassin 71504, Mauritius

Printed at: see last page
ISBN: 978-613-8-35396-6

Wer auch nur den geringsten Zweifel daran hat, dass in der heutigen Welt noch alles in Ordnung ist und dass die Politiker sowie die Medien nichts als die Wahrheit sprechen, sollte dieses Buch lesen. Denn es gibt hinter diesem, mit immer größerer Mühe aufrecht gehaltenem Schein, der bald verglimmen oder abrupt ausgelöscht werden wird, eine unveränderliche Realität eine reale Kraft, eine Sicherheit die einen durch alles trägt - wenn man sie lässt.. Die vollkommene Liebe Gottes. Der erste Teil des Buches spiegelt in tiefsinnigen Sprüchen die Weisheit und die Liebe Gottes wider, während im zweiten Teil offen und anhand von Fakten dargelegt wird, wie weit wir schon in der Endzeit fortgeschritten sind. Jede Minute kann ein katastrophales Ereignis eintreten das die Welt aus den Angeln hebt. Doch es zeigt auch den Weg zur Rettung, die jedoch jeder selbst ergreifen muss ...

Auf Messers Schneide
ist der Weg der Menschen in der Welt.
Auf Messers Schneide
der Staatshaushalt
mit immer mehr neu geborgten Geld.
Auf Messers Schneide
was nutzen da der Politiker
zahlreichen Eide.
Die Welt steht in der Kreide.
Auf Messers Schneide
der Welthandel mit Öl,
Fleisch, sonstigem
und teurer Seide,
der Wald weicht
der Schlachtviehweide.
Auf Messers Schneide
das ökologische Gleichgewicht,
der Planet bekommt
ein verbittertes Gesicht.
Auf Messers Schneide
ist es ratsam dass man unterscheide,
denn nicht jeder Schritt,
mag er auch zunächst behagen,
kann einen tragen.
Auf Messers Schneide läuft man
und trägt dabei auch noch
gern ein teures Kleide,
natürlich gekauft auf Kredit,
auf Messers Schneide
läuft man mit der Masse mit.
Auf Messers Schneide
im Dialog mit dem Islam,
auf Messers Schneide

die eigenen Werte zu verleugnen
hat man keine Scham.
Auf Messers Schneide läuft eine
Herde Schlachtvieh auf der Weide
und frisst vergiftetes Getreide,
denn ihr Hirte ist ein Heide
und bekennender Atheist.
Doch daneben wartet Jesus Christ
und legt ein Kreuz quer
auf des Messers Schneide
und wer es findet, verlässt den Weg
von Tod und Leide,
denn durchs Kreuz
wurde er befreit
und läuft jetzt voran
in Richtung Ewigkeit.

Politik

Der Politiker sucht
nur die eigene Ehre
und den eigenen Gewinn.
Nicht dem Wort Gottes,
sondern der Lüge wird geglaubt,
man sagt, die Bibel sei
alt und verstaubt,
der Schwache wird
rücksichtslos beraubt.
Die Sünde wird größtenteils
gar gesetzlich erlaubt.
Wunderbar humanistisch
neigt man vor dem
von fremden Kulturen
gebauten Schafott
sein Haupt.

Zeit ist Geld

Zeit ist Geld.
Geld regiert die Welt.
Geld erzeugt Angst, Streit
Eitelkeit und Neid.
Zeit ist Geld.
Angst regiert die Welt.

Gutmütigkeit ist gut.
Bei übertriebener Gutmütigkeit
ist die Grenze zur Dummheit
jedoch fließend.

Man kann eine Eisenstange
nicht mit eigener Kraft
zerbrechen.
Mit viel Wärme und Geduld
aber
lässt sie sich in die
gewünschte Form biegen.

Wer den Bogen überspannt,
trifft selten das Ziel.

Einem Stein das
Schwimmen beibringen zu
wollen
ist vergebliche Mühe.

Nur ein Narr urteilt
nach seinen Gedanken,
denn die Gedanken
sind gut befreundet mit
der Fantasie.

Ein Hund der nicht folgt
macht seinen Herrn zum
Narren.

Ein Fehler
tausendmal begangen,
wird nicht mehr als
Fehler erkannt.

Dem Geizigen dient sein
Reichtum nur zum Geiz,
der Freigiebige jedoch wird
geliebt.

Nur wer das Steuer
selbst in die Hand nimmt,
kann die Richtung
bestimmen.
Aber wer am Steuer
ununterbrochen nach
hinten schaut,
wird von der Straße
abkommen.

Wer in einer Ritterrüstung
schwimmen geht,
wird bald nicht mehr
gesehen.
Und wer ohne Liebe
verändern will, wird
vergeblich gehen.

Wer sich von der Sonne
blenden lässt,
läuft Gefahr das Ziel zu
verfehlen.
Und wer nur seinen
eigenen Wünschen folgt,
verliert den Sinn für das
Wesentliche.

Wer das Wort Gottes
für Menschenwerk hält,
hat sich damit auf die Seite
des Teufels gestellt.
Jeder Segen Gottes entfällt.

Wird in einer Gesellschaft
oder sogar in der Kirche
die Homo-Ehe legalisiert,
hat man sich weit mehr als
nur verirrt.
Man hat komplett die
richtige Richtung und die
eigenen Werte verloren.
Oder hat je ein Mann mit
einem Mann, eine Frau mit
einer Frau
neues Leben geboren?

Wer mit sich selbst nicht
zufrieden ist
dem nutzt aller Reichtum
der Welt nichts.
Wer aber Frieden mit Gott
und sich selbst hat,ist der
Reichste, der auf Erden zu
finden ist.
Innerer Friede hält dann
allen äußeren Dingen
stand,
wenn es der Friede mit
Gott ist.

Der Friede und die Liebe sind ein Paar. Wo keine Vergebung ist, wird man beide jedoch vergeblich suchen.

Ist über dem Gewissen erst einmal ein Dickicht von Entschuldigungen und Rechtfertigungen gewachsen, ist es nur noch schwer zu finden.

Komme was wolle,
doch eines darf niemals
passieren,
die Achtung vor dem
Anderen zu verlieren.

Nur der Dankbare
ist eines
Geschenkes wert.
Der Undankbare aber
achtet niemanden.

Nur der Dankbare freut
sich über ein Geschenk,
der Undankbare jedoch
kennt keine Zufriedenheit.

Dankbarkeit vergleicht
nicht
und für Zufriedenheit gibt
es kein äußeres Maß.

Wer alles besser wissen
will wird bald unbeliebt.
Der Verständige aber
gewinnt Freunde.

In einem Staat in dem die Politiker nur das ihre suchen, bleibt kein Raum für Vernunft und Gerechtigkeit.

Sieh nur auf die
Menschenmassen,
wie leicht sind sie doch am
Schopf zu fassen,
gib ihnen einen Funken
falsche Hoffnung,
genügend Fett, Musik und
Wein
und sie werden lauthals in
deine Richtung schrein.

Dem Träumenden gehört
die Welt,
aber jener, der das Ziel
genau kennt,
geht mutig und kraftvoll
voran.

Wer sein Glück nicht in
Gott, sondern in den
materiellen Dingen und
den Vergnügungen der
Welt sucht, wird nicht
einmal einen Schatten des
Glückes finden. Alles was
er für Glück hält wird bald
wieder verschwinden.

Es gibt Menschen deren
Unzuverlässigkeit
absolut zuverlässig ist.

Wer nicht selbst laufen
will, wird nicht lange
getragen werden, denn er
wird den Anderen alsbald
zur unnötigen Last.
Jener aber, der trotz aller
Hindernisse selbst voran
geht, erreicht das Ziel.

Wie das Geschrei eines
weit aufgerissenen
Schnabels
eines Vogelkükens
ist das liebliche Gerede
einer schönen,
aber habgierigen Frau.

Ein echter Freund ist
ungleich
wertvoller als eine
ganze Spaßgesellschaft
und eine ehrliches, klares
Wort
ist ungleich wertvoller
als alle Unterhaltungen
und die
laut dröhnende Musik
eines weltlichen Festes
zusammengenommen.

Eine habgierigen Frau ist
wie ein schwarzes Loch
im Universum
welches sämtliche Materie
die ihm zu nahe kommt
ein-saugt.
Hüte dich ihr zu nahe zu
kommen, sonst verschlingt
sie
dich mit Haut und Haar.

Es kann auch der
Frömmste
nicht in Frieden leben mit
einer habgierigen Frau.
Denn kaum hat man ihr das
Maul gestopft, reißt sie es
auf und schreit:
Bring her, bring her!

Ein Narr sucht nur
das seine,
ein Liebender
jedoch nur das deine.

Besser ein Stück trockenes
Brot
in einem kleinen Zimmer,
als ein Festmahl
mit einer habgierigen Frau.
in einem prächtigen Haus.

Fürwahr, die höchste
Lebensqualität hat der, der
nicht für sich selbst,
sondern für den anderen
lebt.

Wer gibt, dem wird
gegeben.
Wer liebt ergreift das
Leben.
Wer dem anderen vertraut,
wird sich nicht über ihn
erheben.

Geduld ist stärker als das
Schwert,
mit Geduld wird der
Eintritt irgendwann
gewährt.
Mit Geduld läuft kaum
etwas verkehrt.
Geduld ist der Schlüssel zu
dem was man begehrt.

Leben ist mehr als die sichtbare Welt.
Das Leben entspringt aus
der Liebe die alles
geschaffen und alles erhält.
Nur ein Schatten des
Lichtes sind Reichtum
und Geld.
Ruhm und Macht,
verblassen und
werden nichtig im
Angesicht dessen, der alles
hat vollbracht.
Der das Universum, die
Sonne, die Berge, die
Flüsse, die Tiere, den
Menschen und alles was
existiert hat gemacht, in
seiner unfassbaren Größe
dem Menschen die Hand
reicht und leuchtet und
strahlt selbst in dunkelster
Nacht.
Leben ist mehr als Arbeit
und Brot.
Leben ist mehr als Lachen,
Weinen, Freude und Tod.
Alles Leben gehört Gott
dem allmächtigen Schöpfer
und die Liebe ist das
oberste Gebot.
Darum vertraue allein auf
ihn, ob in Freude oder in größter Not.

Die Hand unseres Gottes,
ist zum Besten über allen,
die ihn suchen,
und seine Stärke und sein
Zorn
gegen alle,
die ihn verlassen.
(Esra 8;22)

Die Liebe kann alles tragen,
der Liebe ist nichts zu schwer.
Die Liebe wird alles vergeben,
nur in der Liebe begründet sich
und liegt das Leben.
Die Liebe ist der Grund und die
Basis für die Entstehung des Lebens.

Wer die Umstände in denen er lebt
verändern will,
muss zuerst sich selbst ändern
und die Umstände werden folgen.

Wie wucherndes Unkraut
sind die Gedanken
mancher Menschen.
Wenn es nicht entfernt wird,
ist keinerlei Ordnung
mehr erkennbar.

Nur ein Narr
rechtfertigt seine Fehler.
Der Weise jedoch
nimmt berechtigte Kritik an.

Wer keinen Wind mehr
in den Segeln hat
sollte mit dem rudern beginnen!

Wer in jedem Augenblick versucht
das Richtige zu tun,
kann nichts
verkehrt machen.
Denn die Entscheidung von heute,
bildet den Augenblick
von morgen.

Wer keine Zukunft hat,
kann von den
vergänglichen Vergnügungen
des Augenblickes
nicht genug bekommen.
Der Verständige jedoch,
lebt in jedem Augenblick
aus seiner Zukunft heraus
und gestaltet
seine Zukunft
in der Gegenwart.

Nur derjenige,
der
die Verantwortung für sich selbst
übernimmt,
kann die Verantwortung
für andere tragen.

Freiheit kommt nicht
von selbst,
sondern von Gott.
Freiheit ist loslassen
zu können.
Freiheit ist
Falsches aufzugeben.
Freiheit ist
in der Liebe und im
Vertrauen auf Gott zu leben.

Wer ständig kritisiert
verliert!
Wer auf das Wohl des Anderen
sinnt
gewinnt!

Eine echte Beziehung ist
kein Wettrennen,
sondern ein gemeinsamer Hürdenlauf.

Vergeben und dem anderen mit Freude geben,
bedeutet in der Liebe zu leben.
Den anderen so zu akzeptieren wie er ist
und ihm die Freiheit zur Entfaltung
zu lassen,
nur dies kann zur Liebe passen.
Denn die Liebe flieht und
lässt sich nicht mehr fassen,
wenn Egoismus Manipulation, Kontrolle
und Besitzdenken ihr keine Luft mehr
zum Atmen lassen.
Im Vertrauen aber ist eine große Kraft,
die der Liebe neue Wege schafft.

In einer echten Beziehung
gibt es keinen Verlierer,
sondern nur Gewinner!

Wege des Lebens
sind Wege der Liebe,
des Vergebens
und des Gebens.
Die Nächstenliebe
als Antrieb
des eigenen Strebens
ist Zeichen
des echten Lebens!

Nicht alles ist so wie es
auf den ersten Blick aussieht
und eine vorschnelle Handlung
ist eine Narrheit .
Denn die Liebe schaut
hinter die Dinge.

Liebe ist
das Gegenteil von Egoismus
und der Liebende
enthält dem anderen nichts vor.

Ein tiefes Meer und
nicht Wellenschaum,
ist die Sehnsucht
eines Liebenden,
am Tag und selbst
im Traum.
Einmal gepflanzt
wächst sie
schnell zum
alles überragenden
Mammutbaum.

Die Liebe bahnt einen Pfad
durch jedes
Dickicht der Gedanken.

Der wahrhaftig Liebende
ist nicht nur bereit
sein Leben zu geben,
sondern er hat
es in seiner
Liebe längst getan,
denn er sucht nicht mehr
das seine.

Die Liebe ist wie ein Feuer
das selbst die
verborgensten Winkel
der Seele erreicht
und das ganze Universum
in ein neues Licht taucht.

Wie das Wasser
dem Durstenden in der Wüste,
so ist das Lächeln der Geliebten
dem Liebenden.

Wie der Wind einem
Segelschiff auf dem Meer,
so ist der Gedanke
an die Geliebte
dem Liebenden.

Die Liebe kennt
viele Sprachen,
doch sie sagen alle:
Nicht ich,
sondern du!

Nur wer sich selbst
ganz liebt,
kann den Nächsten lieben.
Nur wer sich selbst
ganz gibt,
liebt!

Ein Wort der Liebe,
wird in der Wahrheit gesprochen
und kann auch korrigierend
und streng sein!

Die Liebe übt Gerechtigkeit,
denn sie tut nichts für sich selbst,
sondern nur für den Anderen.

Wer Benzin mit Wasser verdünnt
und damit fahren will
kommt nicht von der Stelle.
Wer das Jahrtausende alte
und bewährte Wort Gottes verändert
ebenso.

Derjenige, der grundsätzliche Unterschiede
und Grenzen verwischt,
verliert mehr als nur das Gesicht.
Und wird gar falschen Ideologien
Freiheit gegeben.
gehts bald um das eigene Leben!

Ein Baum gefällt,
und von der Wurzel getrennt,
stirbt ab.
Eine christliche Kirche
die sich von ihrer Wurzel trennt
ebenso.

Ein Baum der
vom Efeu überwuchert wird stirbt.
Eine christliche Kirche die
mit falschem Gedankengut
überwuchert wird
ebenso.

Der Weg Gottes führt durch
und in die Liebe.
Man kann den Weg Gottes gehen
in allem was man tut.
Wer den Weg Gottes geht
ist der Weg Gottes.

Interview mit Stefan Donges

„...in keiner Religion habe ich einen Gott gefunden der wirklich erfahrbar und real ist. Diesen realen, lebendigen Gott sollte ich erst Jahre später in einem Heilungsgottesdienst kennen lernen...“

Wie mit einem Blick
auf den Stand der Sonne
die Uhrzeit,
so lässt sich
mit einem Blick auf Israel
der Stand
der Weltzeit ablesen.

Herr Donges warum schreiben sie ihre Bücher und was wollen sie damit erreichen?

Mein größtes Talent war und ist nun einmal das Schreiben. Schon in meiner bewegten Vergangenheit, als mein Leben täglich auf Messers Schneide war, in der Gott sei Dank weit hinter mir liegenden Zeit der Alkohol und Drogenabhängigkeit konnte ich dieses Talent nutzen, etwa indem ich gegen mich gerichtete Anklageschriften bei denen es um Kopf und Kragen ging, schriftlich zerpflückte und damit meinen Hals aus der Schlinge zog, oder Beschwerden über Mitarbeiter von Ämtern schrieb, die so kunstvoll formuliert waren, dass sich nicht betroffene Kollegen beim lesen derselbigen köstlich amüsierten und die nie ohne Folgen blieben. Was aber sicherlich nicht im Sinne des Erfinders war, denn dies Talent habe ich, wie alles andere auch, allein von Gott bekommen. Schon damals dachte ich daran Schriftsteller zu werden, aber die Umstände in denen ich lebte, ließen mir keinerlei Möglichkeit oder auch nur die Kraft dazu, denn es ging, besonders in der Zeit als ich auf der Straße unterwegs war, um meine nackte Existenz. So blieb es dabei, dass ich in Kneipen oder beim Schnorren auf der Straße darüber redete. Einzelheiten aus dieser Zeit habe ich ausführlich im meinem Buch „Klartext“ beschrieben. Im Jahr 1999 entstand in meinen Gedanken eine Geschichte die ich einfach aufschreiben musste und ich konnte mit dem Schreiben nicht aufhören bis ich ein ganzes Buch zustande gebracht hatte. Damals befasste ich mich intensiv mit den Weltreligionen und auch mit Esoterik und dieser Einfluss war natürlich in meinen ersten Büchern zu spüren, die ich aus diesem Grund später vom Markt genommen habe. Denn in keiner dieser Religionen habe ich einen Gott gefunden der wirklich erfahrbar und real ist und der mit Kraft Dinge im Leben verändert. Einen Gott der lebt und auf Gebete antwortet. Diesen realen, lebendigen Gott sollte ich erst Jahre später in einem Heilungsgottesdienst in

Neustadt an der Weinstraße kennen lernen. Ein Gastredner aus Wiesbaden hielt den Heilungsgottesdienst. Er predigte von der Kraft des Evangeliums und dass diese in den westlichen Industrienationen weitgehend verloren gegangen sei. Ich war fasziniert und ergriffen von dem was ich dort hörte. Doch es sollte noch besser kommen, denn der Prediger sagte dass Jesus Christus derselbe ist: Gestern, heute und in Ewigkeit. Und wenn er gestern Menschen geheilt hat, so wird er dies auch heute tun. Und dann sagte er: Ich trete auch den Beweis an, dass die Worte die ich gepredigt habe wahr sind. Er betete, lud den Heiligen Geist ein und plötzlich war eine reale und spürbare Kraft da, die so stark war, dass manche, die auf seine Frage hin, wer die Kraft Gottes gern spüren würde, aufgestanden waren, nach einem Gebet von ihm, nach hinten umgeworfen wurden. Eine Person wurde sogar durch den ganzen Raum geschoben.
So etwas hatte ich noch nie erlebt und so zögerte ich nicht lange, als der Prediger am Schluss des Gottesdienstes fragte, wer diesem lebendigen Gott – Jesus Christus nachfolgen wolle und ihn in das eigene Leben als Herr und Gott einladen wollte. Er rief alle die sich gemeldet hatten nach vorne und betete in etwa folgende Worte vor, die wir, die wir vorne standen nach sprachen:

Herr Jesus Christus,
ich nehme deine Einladung an
und komme zu dir mit allen meinen
Sünden,
Abhängigkeiten und Problemen.
Ich sage mich los von der Macht
der Finsternis und des Teufels
und wende mich zu dir, Herr Jesus.
Ich setze mein Vertrauen ganz auf dich.
Du bist der Sohn des lebendigen Gottes.
Ich glaube von ganzem Herzen

was ich jetzt mit meinen Worten
vor der sichtbaren und unsichtbaren Welt bekenne:
Du bist mein Erlöser,
mein Herr und mein Gott.
Ich danke dir,
dass ich jetzt ein Kind Gottes bin.
Ich öffne mich für deinen Heiligen Geist
und will dir
alle Tage meines Lebens nachfolgen.
Ich vertraue dir
und überlasse mich deiner Führung .
In Jesu Namen, Amen.

Nachdem ich mein Leben mit diesen Worten Jesus Christus übergeben hatte, merkte ich augenblicklich, dass ich ein neues Bewusstsein bekam. Später las ich in der Bibel was ich in diesem Moment erlebte, die ich übrigens erst jetzt verstand. Ich hatte die Bibel vorher schon einmal ganz von vorne bis hinten gelesen ohne auch nur ein Wort zu verstehen, Jesus spricht in einer Stelle der Bibel zu Nikodemus: Ehe ihr nicht im Geist neu geboren seid, könnt ihr das Reich Gottes nicht sehen. Ich, der ich vorher durch die Sünde tot war, war in diesem Moment durch meine persönliche Annahme von Jesus Christus im Geist Gottes neu geboren worden, hatte das Ewige Leben empfangen und meine Schuld war mit restlos vergeben, so dass ich rein vor den Vater im Himmel, den allmächtigen Gott treten konnte. Alle Verheißungen der Bibel trafen und treffen jetzt für mich zu. In Christus bin ich eine neue Kreatur und ich gehöre seid diesem Zeitpunkt zur neuen Schöpfung Gottes und verstehe daher jetzt sein Wort. Ich merke gerade, dass ich nun beim zweiten Teil der Frage angekommen bin, was ich mit meinen Büchern erreichen möchte. Ich will die Realität Gottes bekanntmachen. Verkünden, dass wir einen lebendigen Gott haben, der erfahrbar ist, wenn man ihn von ganzem Herzen sucht. Einen Gott, der jede Schuld vergibt und jedes Leben zum Guten hin verändern kann und will. Einen Gott, der heute noch, wie zu allen Zeiten, Wunder wirkt und jeden Umstand verändern, ja sogar die physikalischen Gesetzte außer Kraft setzen, kann. Einen Gott, der frei macht von allen Ängsten, Abhängigkeiten und sonstigem. Zusammengefasst, einen Gott der unfassbaren Liebe.

Herr Donges, in vielen ihrer Bücher schreiben sie darüber, dass wir mittlerweile in der Endzeit leben. Woran machen sie das fest?

Wie uns Jesus in seinen Worten über die Zeichen die auftreten werden kurz bevor er wiederkommt mitteilt, wird es in dieser Zeit verstärkt Erdbeben und Naturkatastrophen geben. Dies ist in den letzten Jahrzehnten zu beobachten. Doch dies allein würde mir als Anzeichen der nahen Wiederkunft und des baldigen Eintretens der damit, in der Offenbarung
genau beschriebenen, verbundenen Ereignisse nicht genügen. Viel sicherer macht mich da die Tatsache, dass sich vor unseren Augen die Prophezeiungen des Alten Testaments erfüllen:
„Siehe, es wird ein Wetter des Herrn mit Grimm kommen; ein schreckliches Unwetter wird den Gottlosen auf den Kopf fallen. Des Herrn grimmiger Zorn wird nicht nachlassen, bis er tue und ausrichte, was er im Sinn hat; zur letzten Zeit werdet ihr solches erfahren. Zur selben Zeit spricht der Herr, will ich aller Geschlechter Israels Gott sein und sie sollen mein Volk sein. Höret ihr Heiden, des Herrn Wort und verkündigt es fern in die Inseln und sprecht:
Der Israel zerstreut hat, der wird's auch wieder sammeln und wird sie hüten wie ein Hirte seine Herde“
(Jeremia 30: 23,24, 31: 1,10)

Und gerade dies geschieht im Moment. Für alle Welt sichtbar ist Gott dabei sein Volk Israel zu sammeln. Jenes vor nicht allzu langer Zeit, nach dem Report der britischen Mandatsverwaltung von 1946, bis zur Einwanderung der Juden zu 95 % aus Einöde, Sumpf und Wüste bestehende Land ist zu neuem Leben erwacht, weil Gott dabei ist seine Verheißungen zu erfüllen. Keinerlei Zweifel daran, dass dies das Wirken Gottes ist, lässt auch die Tatsache, dass der gerade geborenen Judenstaat im Mai 1948 den Angriff von einer 310-fachen arabischen Übermacht wider aller Erwartungen überstanden hat. Es sind zur Zeit auch schon alle Instrumente die einen weltweiten Überwachungsstaat, wie er in der Offenbarung, für die dreieinhalb Jahre dauernde Herrschaft des Antichristen beschrieben wird, vorhanden. Über die Netze und Verbindungen von Internet, Navigationsgeräten, Handys usw. ist schon jetzt eine totale Überwachung möglich. Außerdem ist auch schon deutlich die Tendenz zu einer kraftlosen Einheitsreligion zu sehen bei der der wahre und einzige Gott der Bibel mit den Göttern fremder Kulturen gleichgestellt wird. Sogar in Deutschland werden schon Gottesdienste gefeiert, in denen Gott zusammen mit den Göttern fremder Kulturen angebetet werden soll. Das kann natürlich nicht funktionieren, denn Gott sagt in seinem Wort, dass er denjenigen der weder heiß noch kalt sondern lau ist, aus seinem Mund ausspeien wird. Ich möchte an dieser Stelle an die Baalspriester im Alten Testament erinnern, die für ihre Anbetung eines Götzen allesamt getötet wurden. Das alles sind eindeutige Zeichen dafür wie weit die Zeit schon fortgeschritten ist.

Gott ist die Liebe;
und wer in der Liebe bleibt,
der bleibt in Gott
und Gott in ihm.
(1. Johannes 4:16)

Mein Kind,
geschwind wie der Wind,
sind die,
welche errettet sind,
bei mir.
Doch der Gottlosen Zeit verrinnt,
verbrennt wie Papier.
In Ewigkeit bin ich bei dir.
Menschen die nur zweifeln,
die nur fragen,
werden unter eigenen Lasten
schnell verzagen.
Doch wer im Vertrauen
auf mich losgeht,
den kann ich tragen.

Wer mit zweierlei Maß misst,
wird sich zwangsläufig vermessen..
Mit zweierlei Maß zu messen,
ist vermessen!

Dem Religiösen wird Jesus
einst sagen:
Weiche von mir,
ich habe dich nie gekannt!
Jenem aber, der den Willen
des Vaters sucht:
Ich habe dich beim Namen genannt,
deine Sünde ist vollständig verbrannt!
Tritt ein in ewiges Friedensland.

Printed by Books on Demand GmbH, Norderstedt / Germany